Ute Schmidt

Gotamus Origami

filigrane Dekorationen

falten · schneiden · kleben

Vorwort

Origami -eine alte japanische Papierfaltkunst- in Streifen schneiden und wieder zusammenkleben.

Wie kommt man auf sowas?

Ganz einfach:
Mich fasziniert die Leichtigkeit und Zartheit dieser Kunst. Da ich aus der Schmuckherstellung komme und mir das filigrane Gestalten liegt, habe ich angefangen meiner Fantasie freien Lauf zu lassen. Dabei lag mein Hauptaugenmerk darin, aus einem gefalteten Papier so viele verschiedene Modelle wie möglich herzustellen. Das ist mir gelungen, indem ich das gefaltete Papier in Streifen schnitt. Die einzelnen Streifen habe ich dann nach eigener Idee neu kombiniert und zusammengeklebt. Selbst die kleinsten Stückchen können noch verwendet werden.

So entstanden viele neue Module in Form von kleinen Blüten oder Knospen.

Diese Module können nun als Tischdeko, Mobile oder Vorhänge, sowie Geschenkdekorationen, Serviettenhalter oder Kerzenmanschetten verwendet werden. Sogar ganze Kugeln können erstellt werden.

Durch den sparsamen Materialeinsatz können gleich mehrere Kugeln in unterschiedlichen Größen aus einem Papierpäckchen hergestellt werden, je nachdem in wie viele Streifen man jedes Einzelteil schneidet.

Bei Verwendung der Gotamus Dekor Papiere von Paper Frog können zusätzlich auch noch schöne Bilderrahmen gebastelt werden.

Mit Freude und Fantasie werden auch Sie bald neue Modelle entwickeln, da die geschnittenen Teile in unzählig vielen Variationen neu kombiniert werden können.

Viel Spaß dabei wünscht Ihnen

Ute Schmidt

Zur Autorin

Ute Schmidt,
geboren 1961 in Gotha,
verheiratet, zwei Söhne.
10 Jahre Modeschmuckherstellung.
19 Jahre tätig im Hobbybereich.

Ein Hobby ist „Etwas" für die Seele, es macht Freude und ist ein Ausgleich zum Alltag. Nach diesem selbstverfassten Motto entstanden weitere Ideenbereiche, wie das Verzieren echter Eier mit einer feinen Modeliermasse nach eigenen Motiven und Mustern, die zu Ostern in Ausstellungen und auf „Eierbörsen" zu sehen sind.

Durch den Umgang mit verschiedenen Materialien entwickelte sie die MotiF-Filz-Technik, welche großen Anklang fand.

Besondere Papiere mit schönen Dekoren brachten sie zwangsläufig zum Papierfalten. Nur falten reichte ihr nicht, daher kam sie auf die Technik „falten-schneiden-kleben".

Zubehör

Klebstoff

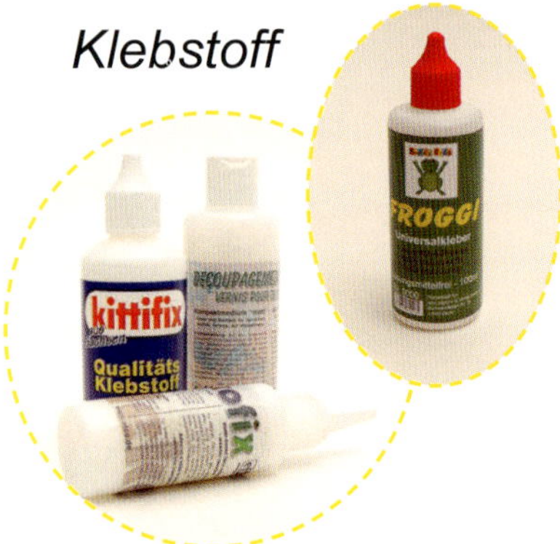

Klammern

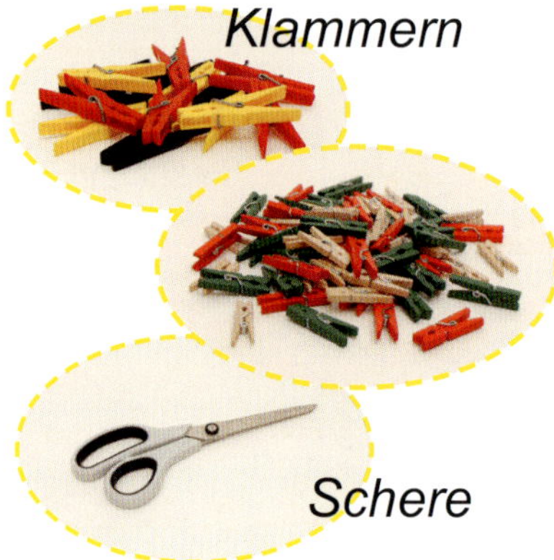

Schere

Dekorahmen

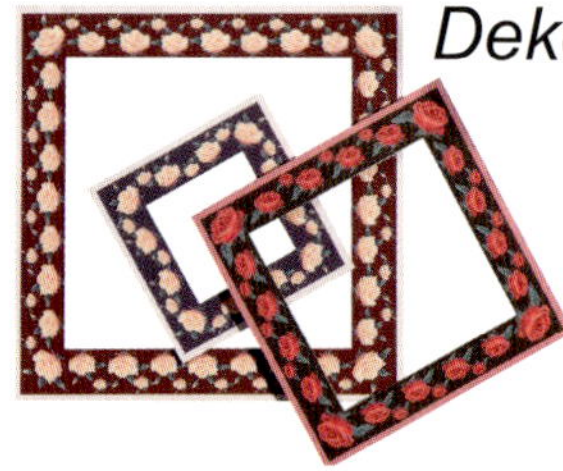

Zur Herstellung von Dekorahmen oder Bilderrahmen wird folgendes Zubehör benötigt:
Mobile Folie, Klebepads, doppelseitige Klebefolie.

Klebstoff, Klammern und eine Schere sind zur Herstellung von Gotamus Origami erforderlich.

Bei der Auswahl des Klebstoffs darauf achten, dass eine extrem schnelle Klebewirkung vorhanden ist. Es lässt sich dann schneller weiterarbeiten. Tipp: Froggi Universalkleber. Zur Entlastung der Hände sollte eine Softgrip-Schere verwendet werden.

Acryl Kugeln

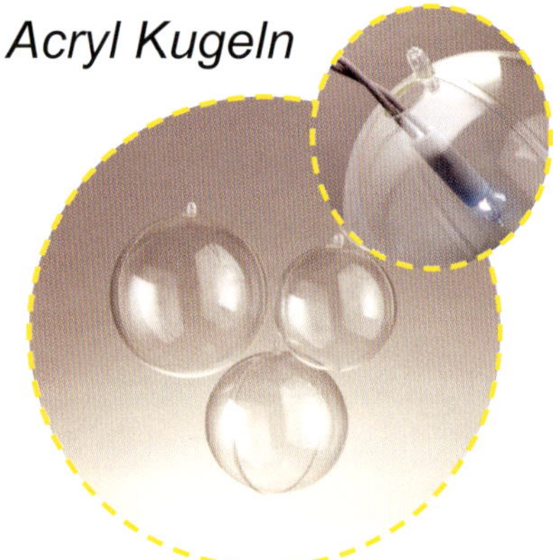

Schnur
Mobile Folie

Klebepads
Klebefolie (doppelseitig)

Deco-Ice

TIPP

Deco-Ice muss gleichmäßig in den Acryl Kugeln verteilt werden, siehe rechte Fotos! Zuerst in beiden Hälften der Kugel den Spezial-Kleber gleichmäßig verteilen. Dann den Inhalt einer Flasche hinein schütten und die Kugel schließen. Durch Schütteln in alle Richtungen verteilt sich die Masse sehr gut. Überflüssiges Material kann wieder zurück.

Origami Zeichen + Symbole

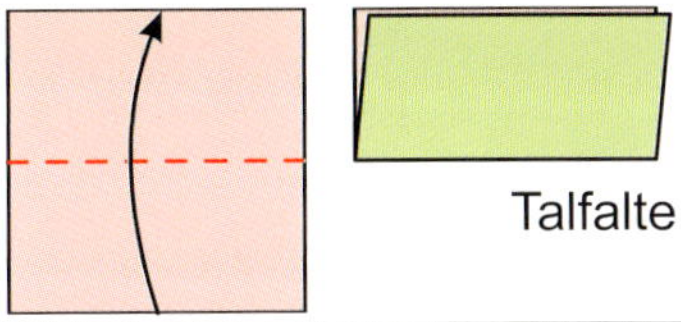

Talfalte

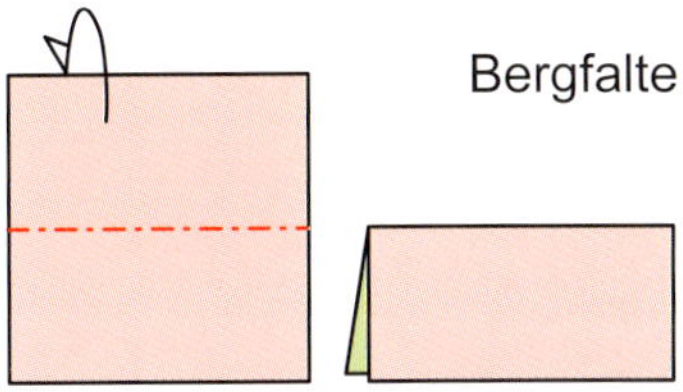

Bergfalte

Falten, wieder öffnen.

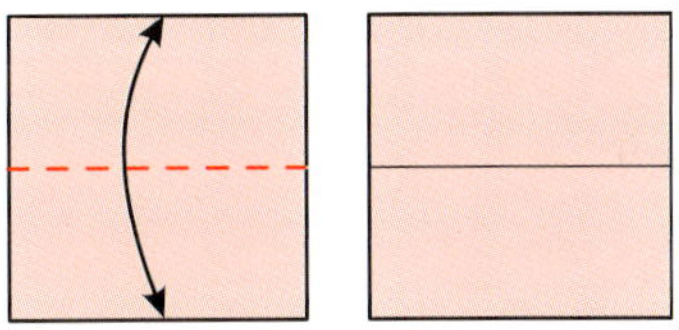

Zickzackfaltung

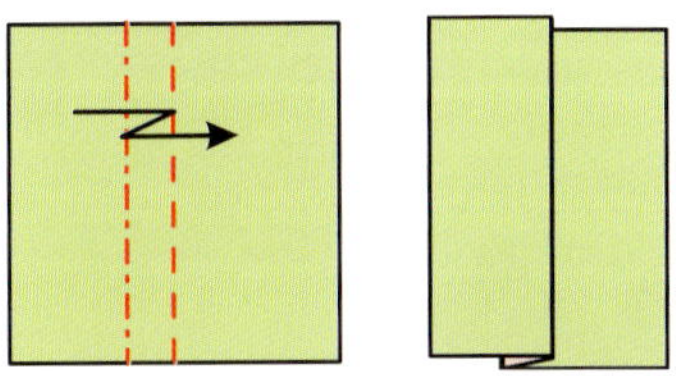

Gegenbruch nach innen

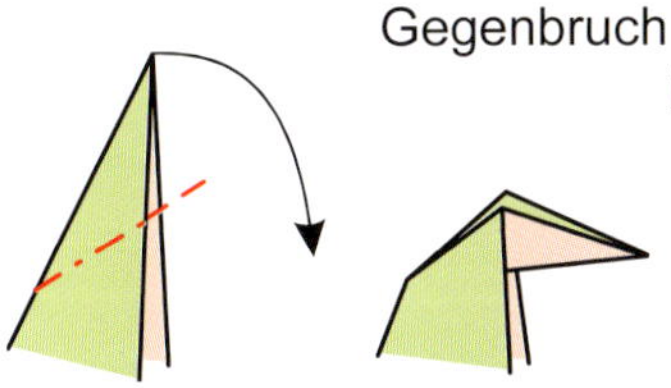

Gegenbruch nach außen

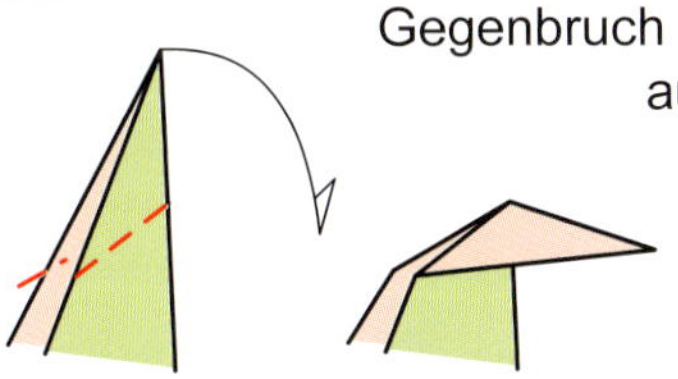

Mitte versenken

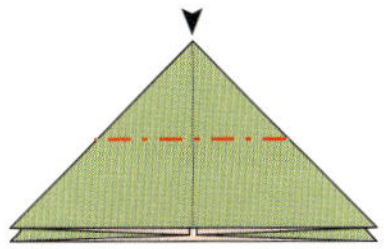

So sieht der Faltschritt aus.

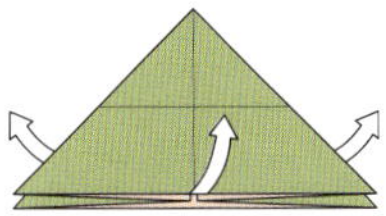

Nach außen öffnen.

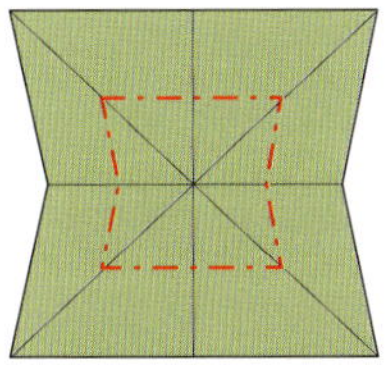

Bergfalten formen.

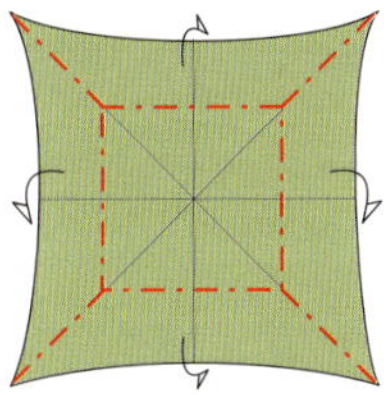

Seiten nach unten falten.

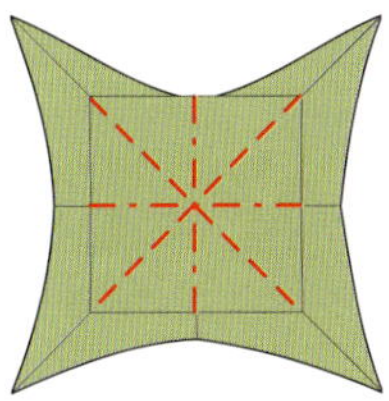

Nur Linien im Quadrat falten.

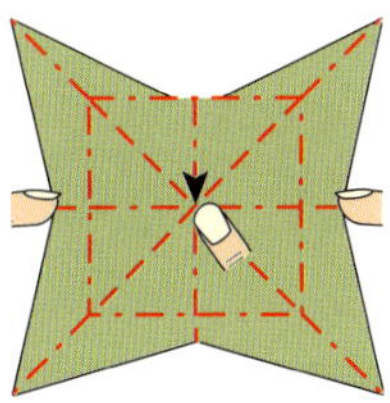

Mitte nach unten drücken, seitlich eindrücken.

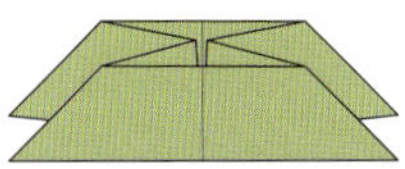

Fertig.

Symbole

Gefaltetes Teil nach außen ziehen, siehe nächste Zeichnung.

Um 90° drehen.

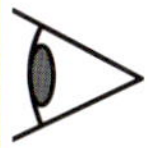

Das Model von vorne ansehen.

Arbeitsschritte auf der Rückseite wiederholen.

Rückseite nach oben legen.

Ansicht der Zeichnung wurde vergrößert.

Eindrücken und glatt falten.

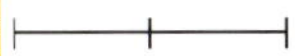

Papier in gleiche Teile einteilen.

Papier nach innen falten.

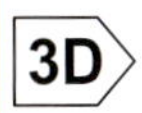

Nächste Zeichnung 3D.

Einschneiden oder abschneiden.

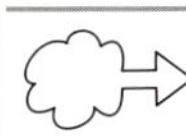

Aufblasen.

Papierauswahl

Papier ist nicht Papier....

Für Gotamus Origami empfehlen wir 80gr. Papiere im Format 15x15cm. Es können sowohl einseitig, als auch zweiseitig farbige Papiere verwendet werden. Besonders schön sind Papiere deren Muster im Quadrat angelegt sind oder die an den Papierecken unterschiedliche Farben haben. Weitere Informationen finden Sie bei der Materialangabe für die jeweiligen Modelle. (Quellennachweis auf Seite 56).

Grundinformationen

Schablone aus Karton für die
Papiergröße 15x15cm

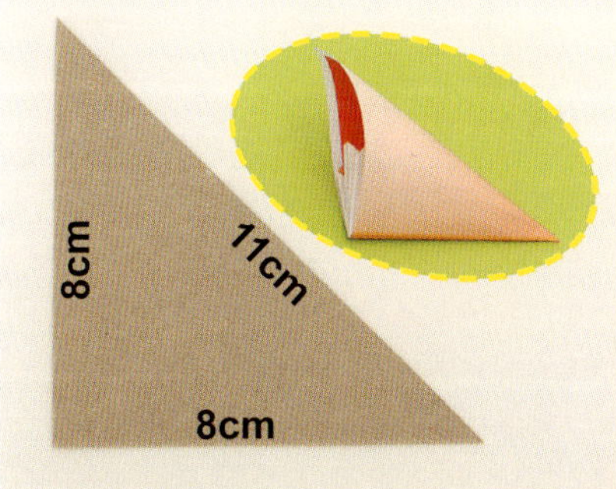

geschnitten
in 2 cm Streifen

Papier Ideen:
1. Rückseitenrand
2. Positiv
3. Negativ

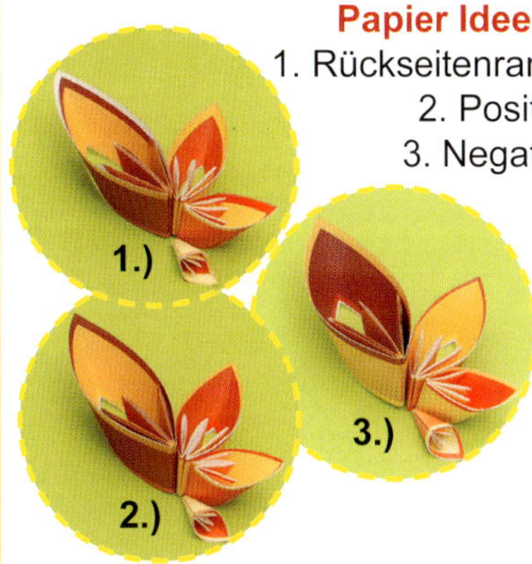

geschnitten
in 1cm Streifen

geschnitten
in 2,5 cm Streifen

Unten:
Papier positiv
oder negativ
verwenden.

Oben:
1. Ecke
nach innen
2. Ecke nach
außen gefaltet.

geschnitten
in 1,5 cm Streifen

Zusatzmotiv:
Ecke einer
Papierlage
nach unten
gefaltet.

Beachten:
Papiere mit
verschiedenen
Eckmotiven.

Grundelemente

Serviettenhalter

Deko Ringe

Tisch Rosette

Dekostern

Rahmen Collage

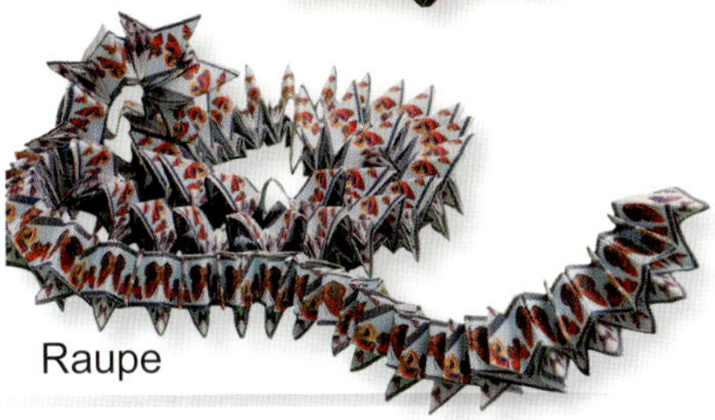

Raupe

Fische oder Boote

Rosette

Kristall

Bilderrahmen

Kerzenmanschetten

Sternfruchtkugel

MATERIAL

Für diese Kugel müssen 60 Blätter gefaltet werden. Besonders schön sind **Papiere mit unterschiedlichen Ecken oder quadratischen Mustern**. Mit diesem Papier wurden die Fotos hergestellt.

Für Anfänger ist die Größe 15x15 cm ideal zum Üben.

1. Papierrückseite nach oben legen. Untere Spitze nach oben falten, ca. 3 mm unterhalb der oberen Spitze liegen lassen.

Variation: Wenn kein Rückseitenrand gewünscht ist, dann Spitze auf Spitze falten. Zeichnung Nr.2 dann auch bis zur Spitze falten.

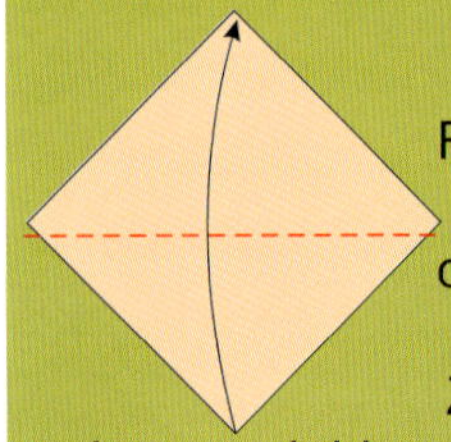

2. Rechte Ecke nach oben nur bis zur inneren Spitze falten.

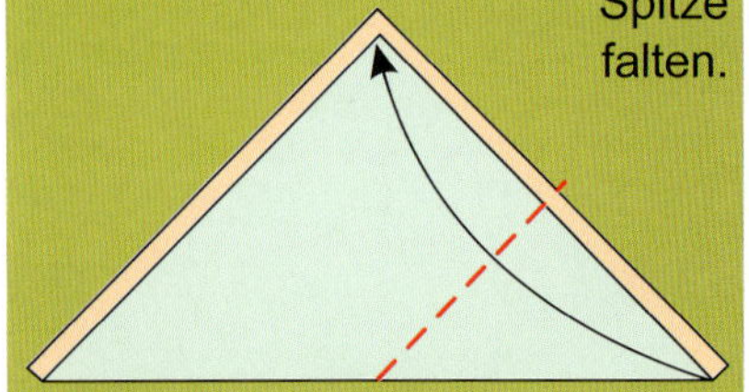

3. Papierkante an die seitliche Schräge wieder zurück falten, liegen lassen.

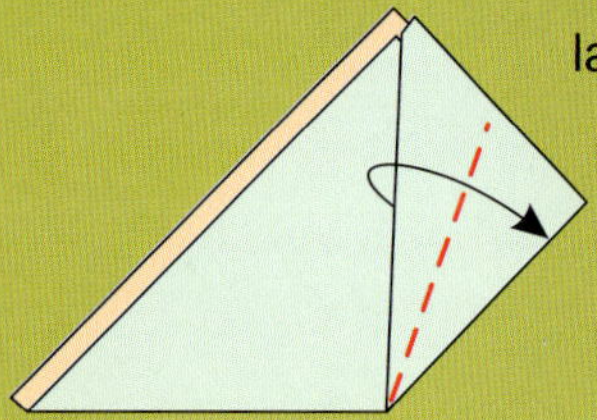

4. Rechte Spitze, siehe Pfeil, an der schrägen Linie falten, liegen lassen.

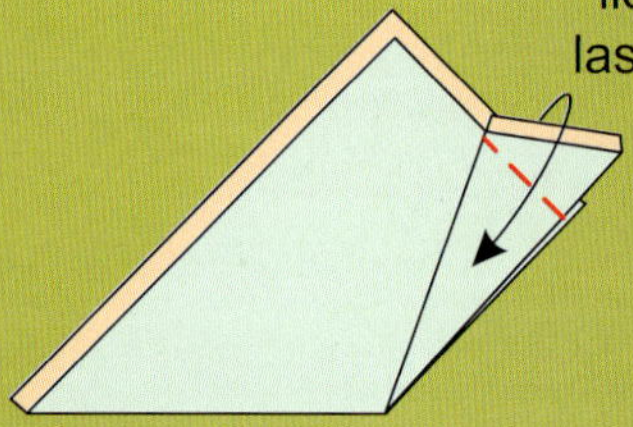

5. Die Schritte Nr.2-4 an der linken Seite wiederholen.

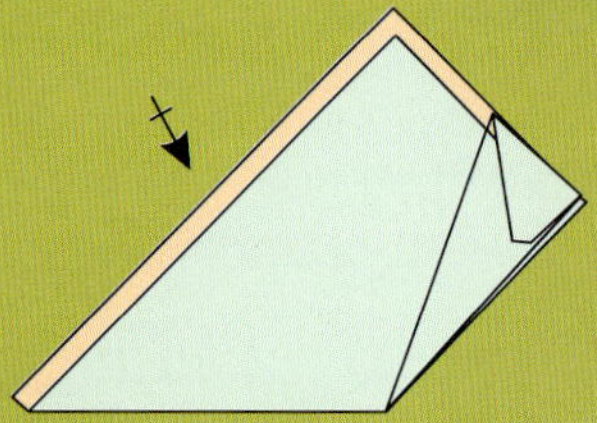

6. Die Schritte Nr. 2-5 wieder öffnen.

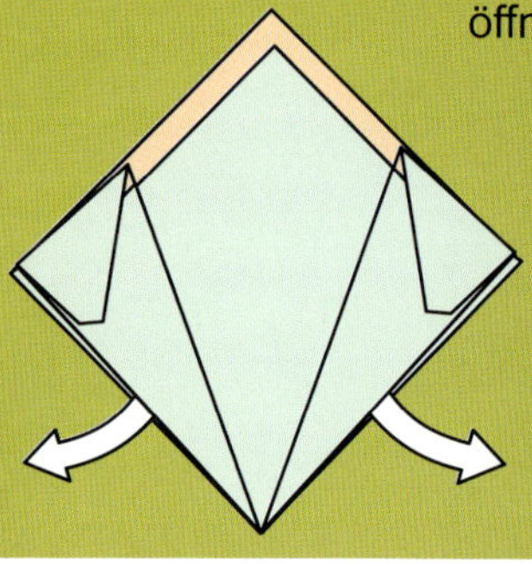

7. Nur mit oberer Papierlage, siehe Pfeile, Linie an beiden Seiten nach oben falten, liegen lassen.

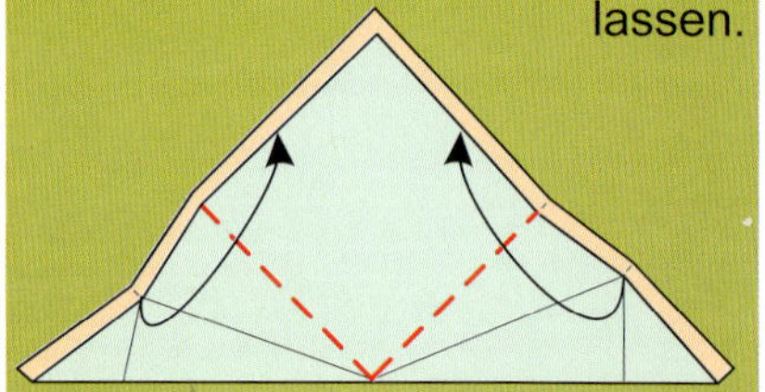

8. Die rechte und linke Spitze, siehe Pfeil, an der schrägen Linie falten, liegen lassen.

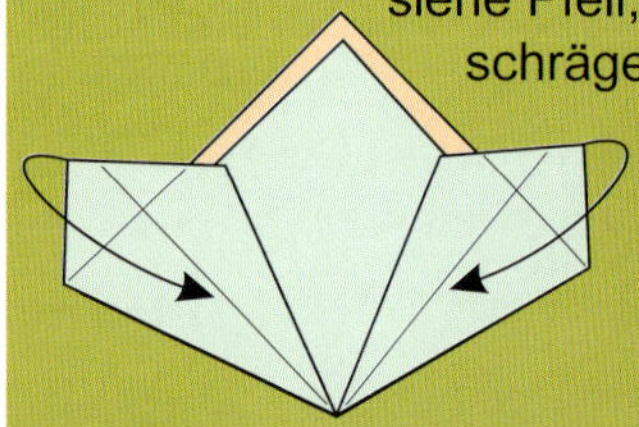

Variation: Wenn die Spitzen mit der Rückseitenfarbe nicht zu sehen sein sollen, dann nach innen falten.

9. Rechts und links seitliche Papierkanten nach innen falten, liegen lassen.

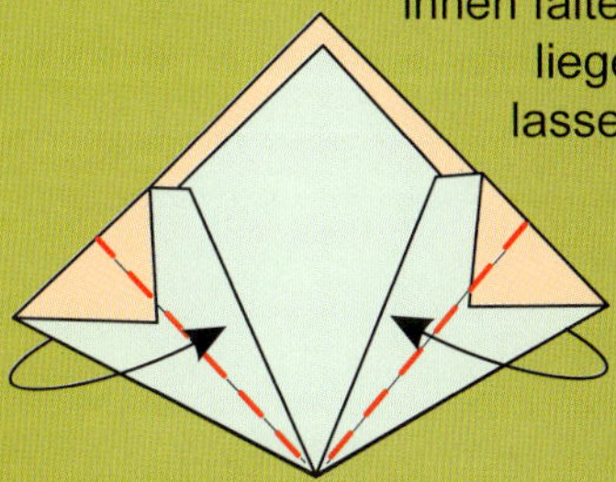

10. So sollte das fertig gefaltete Einzelteil aussehen. Mit weiteren 59 Blättern bis hierhin falten.

11. Auf einer Seite an den Konturen dünn den Kleber mit der extrem schnellen Klebewirkung auftragen.

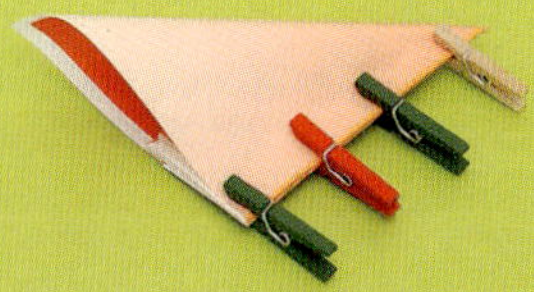

12. Mit kleinen Klammern Klebeprozeß (ca. 1 Minute) unterstützen.

13. Fertig geklebtes Einzelteil, zum Schneiden in Streifen etwas flach drücken und so drehen, wie auf dem kleinen Foto gezeigt.

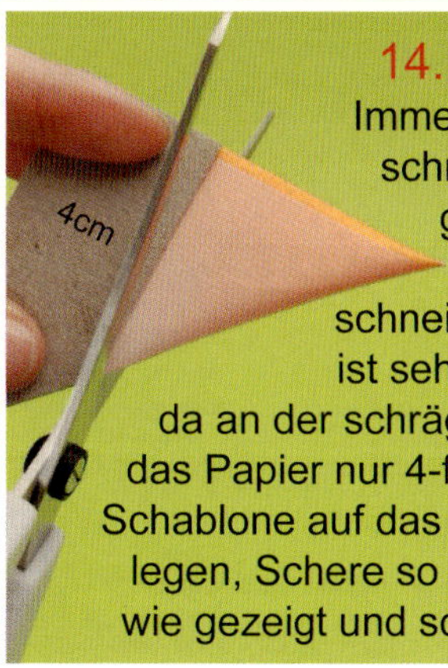

14. Achtung: Immer von der schrägen zur geklebten Seite schneiden. Das ist sehr wichtig, da an der schrägen Seite das Papier nur 4-fach liegt. Schablone auf das Einzelteil legen, Schere so ansetzen wie gezeigt und schneiden.

15. Die geschnittenen Streifen einzeln so zusammen kleben. Immer 5 Stück für eine Blüte.

16. Den Kreis zur Blüte so zusammen kleben.

17. Von drei Blüten jeweils eine Spitze so zusammenkleben, siehe Kreis.

18. So sehen die drei Blüten dann aus. Weitere Blüten nun an diese drei kleben.

19. So sieht es aus, wenn sechs Blüten zusammen geklebt sind.

20. So sieht die Kugel aus, wenn alle zwölf Blüten geklebt sind.

Transparentpapier 15x15cm
Drei Kugeln aus verschieden großen Scheiben.

Die Kugeln können eine innere, geeiste Acryl Kugel erhalten.

Blüte für diese Kugel aus der 2,5cm Spitze herstellen.
Den 1cm Streifen dann zwischen die Blütenblätter kleben. Mit diesen Streifen dann die Kugel zusammen kleben.

Dekomöglichkeit:
Kugel in Kugel

Ergebnisse aus 4 Papierpackungen

Sternfrucht Variation

MATERIAL

Dieses Papier in Formate von 10x10cm schneiden. Für die zwei braunen Kugeln jeweils die beiden dunkelbraun/gelben Ecken verwenden.

Es müssen jeweils 60 Blätter gearbeitet werden, wie auf Seite 12-13 erklärt.

Der gelbe Rand hat eine Höhe von 0,5cm. Das Einzelteil hat eine Höhe von 1cm.

Die Streifen haben eine Höhe von 1cm. 1. auf 5 mm Höhe etwas einschneiden. 2. Spitze nach innen falten. 3. Obere Lage der Spitze wieder zurück falten.

Die obere Lage der Elefantenhaut rollen, das gibt einen zusätzlichen Effekt in der fertigen Kugel. Mit dem unteren Teil von der braunen Kugel kleine Blüten herstellen und mittig auf die fünfer Gruppen der Kugel kleben.

Elefantenhaut 10x10cm

Herstellen wie auf Seite 12-13 erklärt, dann die inneren Papierlagen der Elefantenhaut etwas öffnen, siehe Foto. Wenn die Kugel geklebt ist, kleine Restteile von anderen Modellen zwischen die einzelnen Blüten kleben.

Fenster Mobile

Einzelne Streifen von einer Sternfrucht zu einer Blattform zusammenkleben, siehe Foto.

Blatt mit Blüte
An das Blatt eine Spitze kleben, darauf dann die Blüte, die aus den gleichen Spitzen geklebt ist.

Hier sind weitere Möglichkeiten für Zimmer oder Fenster Mobiles abgebildet.

Einzelne Blätter zu einer Blume zusammenkleben, siehe Foto.

Schnur auf das Fenster ausrichten und immer zwei Blüten gegeneinander kleben. Dadurch ist von beiden Seiten eine schöne Ansicht gegeben. Außerdem wird so verhindert, dass die Blüten wegen ihrem Gewicht in eine Richtung abkippen.

Igel Kugel

Es müssen 60 Blätter gearbeitet werden, wie auf Seite 12-13 erklärt. Untere Spitze am Beginn der rosa Blümchen abschneiden. Dadurch hat die kleine Blüte dann eine andere Farbe als die Kugel.

Mit allen Teilen wieder Fünfergruppen kleben.

Fertige einzelne Blüte.

Sonnenblumenkugel

1. Falten und Kleben wie auf den Seiten 12-13 erklärt. Schneiden wie auf dem kleinen Bild gezeigt.

4. Mit den weißen 2cm Streifen jeweils 12 Blüten kleben. Die gelben dann dazwischen kleben.

7. Fertige Blüte nun 12 mal so arbeiten. Für die Beleuchtung eine Acryl Kugel (gelb geeist) nach innen legen.

2. Falten und Kleben wie auf den Seiten 12-13 erklärt. Schneiden wie auf dem kleinen Bild gezeigt.

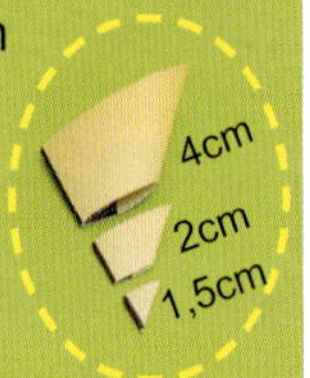

5. Die fünf kleinen gelben Spitzen werden nun in die inneren Papiere der weißen Streifen geklebt, siehe Nr.6.

Reststreifen für Tischblüten

So kleben wie auf dem Foto gezeigt.

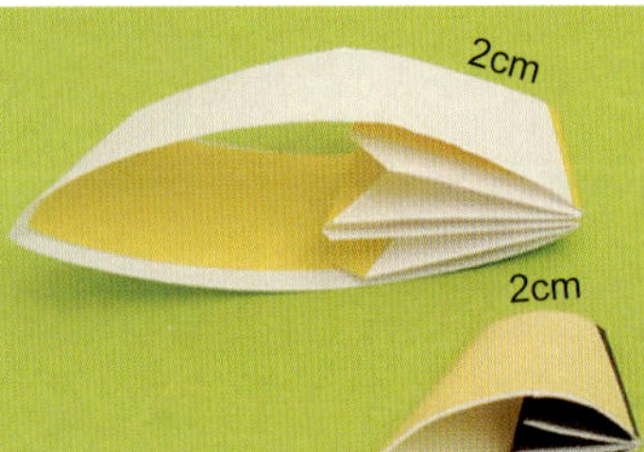

3. Mit diesen drei Teilen wird die Sonnenblumenkugel geklebt. Von jedem Streifen 60 Stück herstellen.

6. Die Blüten so in die Hand nehmen. Die mittlere Papierlage etwas öffnen, siehe Kreis. Dann die kleine Spitze dazwischen kleben, dass die Schnittfläche waagerecht an der Papierkante liegt.

Aus den kleinen weißen Spitzen nun lustige Streublumen kleben.

Cappuccino Cappuccino
Cappuccino
FRESH WAY TO BREW FRES
Espresso Espresso
Espresso
FRESH WAY TO BREW

Tischblüten

MATERIAL

Für diese Tischblüten müssen nur 5 Blätter gefaltet werden. Besonders schön sind **Papiere mit unterschiedlichen Ecken sowie quadratischen Mustern**.

ANLEITUNG

Zunächst falten wie auf den Seiten 12-13 erklärt, allerdings bei der Zeichnung Nr. 8 die Ecken nach innen falten, siehe auch Foto unten.

Fertige große Tischblüte.

Kleine Blüte auf die große Blüte geklebt.

Kleben wie auf der Seite 13 erklärt. Schneiden zwischen den einzelnen Farbstreifen.

Die helle Ecke des Papiers wurde hier nach innen gefaltet.

Blüte kleben wie auf der Seite 13 erklärt. Die 2.Streifen dann dazwischen kleben.

Fertige kleine Tischblüte.

10 Streifen zur Blüte geklebt. Innen jeweils nochmals einen kleineren Streifen einsetzen.

Jeweils ein Streifen mit der großen Öffnung nach oben bzw. nach unten.

Blüten mit unterschiedlichen Papieren hergestellt.

Blüte als Geschenkverzierung.

Tischblüten
gemischte Papiere

Tischblüten
Duo Color Papiere

Tischblüten Ideen
zum Ausprobieren

JARDIN
de
Ville

Knospenkugel

MATERIAL

Für diese Kugel müssen 60 Blätter gefaltet werden. Besonders schön sind **Papiere mit unterschiedlichen Ecken sowie quadratischen Mustern**. Mit diesem Papier wurden die

Fotos hergestellt. Für Anfänger ist die Größe 15x15 cm ideal zum Üben.

1. Papierrückseite nach oben legen. Untere Spitze nach oben falten, liegen lassen.

Variation:
Wenn ein farbiger Rückseitenrand gewünscht ist, Nr.1+2 falten, wie auf Seite 12 erklärt.

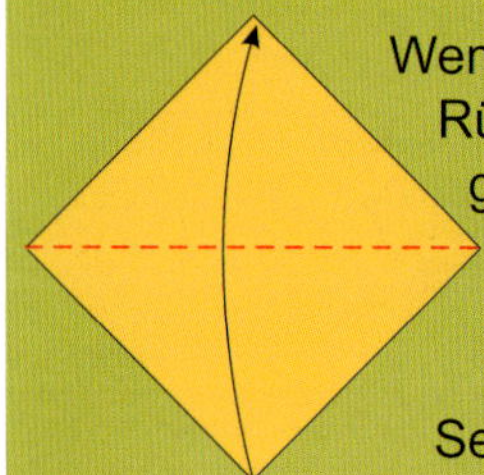

2. Rechte Ecke nach oben falten, liegen lassen.

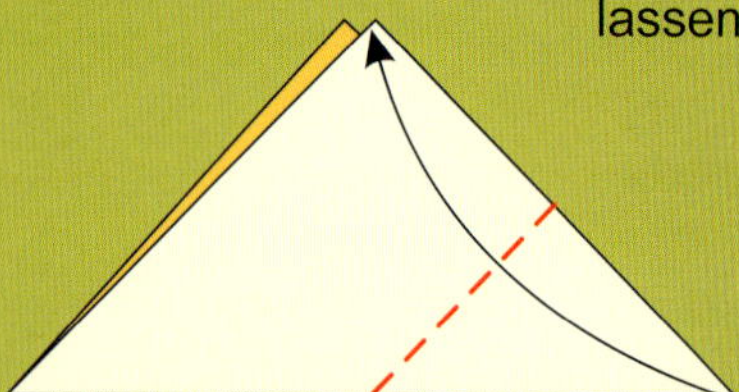

3. Spitze nach unten falten, liegen lassen.

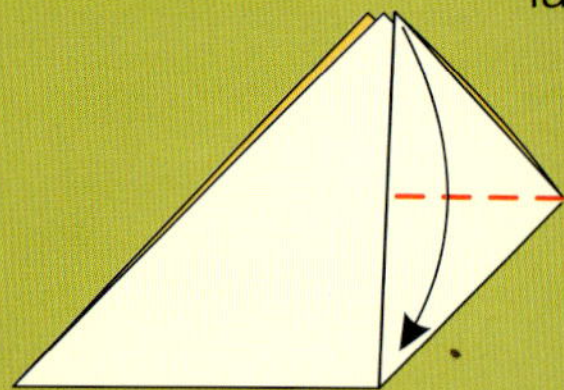

4. Papierkanten an die seitliche Schräge zurück falten, liegen lassen.

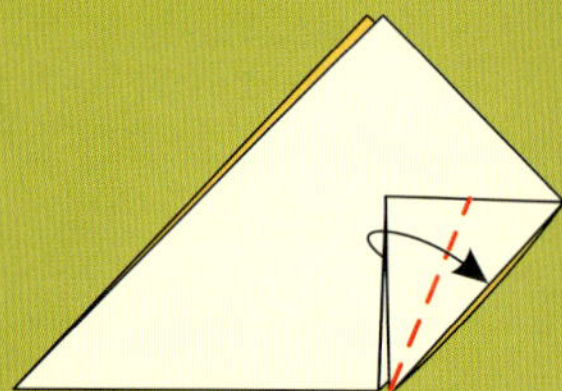

5. Die Schritte Nr.2-4 an der linken Seite wiederholen.

6. So sollte das fertig gefaltete Einzelteil aussehen. Mit weiteren 59 Blättern bis hierhin falten.

7. Auf einer Seite an den Konturen dünn den Kleber mit der extrem schnellen Klebewirkung auftragen.

8. Mit kleinen Klammern Klebeprozeß (ca. 1 Minute) unterstützen.

9. Damit später das Durchschneiden leichter wird, rechts und links die oberen Spitzen wieder nach links legen, siehe Foto.

10. So sollte das Einzelteil nun aussehen. Nun müssen nur noch 12 Papierlagen aufeinmal durchgeschnitten werden.

11. Fertig geklebtes Einzelteil, zum Schneiden in Streifen etwas flach drücken und so drehen, wie auf dem kleinen Foto gezeigt.

12. Achtung:
Immer von der schrägen zur geklebten Seite schneiden. Das ist sehr wichtig, da an der schrägen Seite das Papier nur 4-fach liegt.
Schablone auf das Einzelteil legen, Schere so ansetzen wie gezeigt und schneiden.

13. Nun die beiden oberen Spitzen wieder zurücklegen, siehe kleines Foto. Danach diese Spitzen abschneiden.

14. Mit dem oberen Teil wird die Knospenkugel gearbeitet. Mit der unteren Spitze kann eine Rosette hergestellt werden.

15. An dieser Stelle wird der Kleber angebracht.

16. Die geschnittenen Streifen einzeln so zusammen kleben. Immer 5 Stück für eine Blüte.

17. Der Kreis wird zur Knospe geschlossen, indem so zusammen geklebt wird.

18. Fertige Knospe. Es entsteht automatisch ein kleiner Wirbel in der Mitte der Knospe.

19. Drei Knospen jeweils an einer Ecke zusammenkleben, siehe Kreis.

20. An dieser Stelle wird der Kleber angebracht.

21. Mit kleinen Klammern Klebeprozeß unterstützen.

22. An diesen beiden Stellen nun die dritte Knospe ankleben.

23. So sehen die drei Knospen dann aus. Weitere Knospen nun an diese drei kleben.

24. So sieht es aus, wenn sechs Knospen zusammen geklebt sind.

25. So sieht es aus, wenn alle zwölf Knospen zusammen sind.

Für eine Rosette jeweils sieben oder acht Einzelteile zusammenkleben. Den Klebstoff nur auf dem Rand anbringen, damit das Modell flach bleibt.

Papiere mit quadratischen Mustern, schneiden wie auf dem Foto gezeigt.

Knospen Kugel

Fertige Rosette mit acht Einzelteilen.

Vorder- und Rückseite einer fertigen Rosette.

Mit den kleinen Restspitzen kann auch noch eine Rosette, wie auf dem Foto gezeigt, gearbeitet werden.

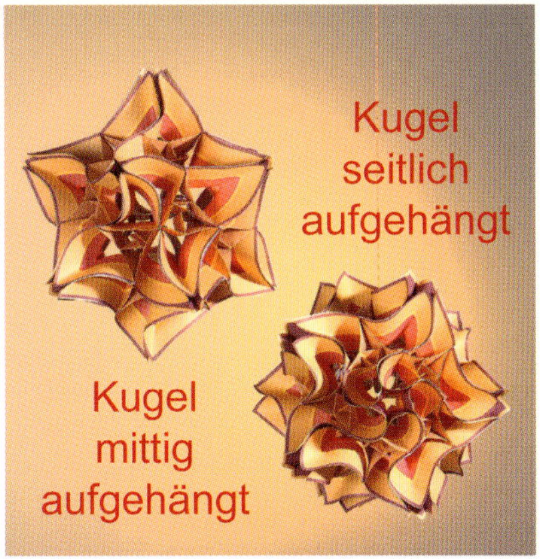

Fertige sehr flache Rosette mit neun Einzelteilen.

Knospen Variation

Arbeiten wie auf den Seiten 34+35 bis Nr.13 erklärt, allerdings die beiden zurückgelegten Spitzen, siehe Foto, nicht abschneiden.

Knospe hergestellt aus fünf Einzelteilen.

Manschette für ein Teelichtglas, hergestellt aus acht Einzelteilen.

Manschette für eine Kerze, hergestellt aus Einzelteilen der Sternfrucht.

Verschiedene Manschetten aus Einzelteilen der Sternfrucht sowie der Knospenform.

Schneiden siehe Foto, für filigrane Weihnachtskugeln.

Kugel hergestellt aus Einzelteilen, siehe Bild links oben.

Kerzenmanschetten

MATERIAL

Für diese Kerzenmanschetten müssen nur 5 Blätter gefaltet werden. Besonders schön sind **Papiere mit quadratischen Mustern sowie mit farbiger Rückseite**.

ANLEITUNG

Zunächst falten wie auf den Seiten 34-35 erklärt.

1. Schneiden, wie auf dem Foto gezeigt. Fünf Teile kleben, wie auf dem nächsten Foto zu sehen.

2. Beide Papierlagen zusammenkleben, damit beim Aufstellen die einzelnen Lagen nicht verrutschen.

3. So die Spitzen nach außen biegen.

4. So soll die Manschette aussehen.

5. Die Manschette kann auch mit der Rückseite verwendet werden, siehe Bild nächste Seite.

6. Ideen für Kerzenmanschetten, siehe auch Bild nächste Seite.

7. Bei Papieren um 100g kann auch nur mit einem dreieckigen Papier gearbeitet werden.

8. Rosetten aus den kleinen Spitzen. Gut geeignet für Mobiles oder Fensterdeko.

Transparentpapier 15x15cm

1. Schneiden, wie auf dem Foto gezeigt.

2. Falten und kleben wie auf den Seiten 34-35 erklärt.

3. Für alle Arten von Kerzen geeignet.

4. Manschette aus einem 1cm breiten Streifen für Leuchterkerzen.

5. Flach gedrückte Manschette aus einem 1cm breiten Streifen als Auflage auf Kerzenständern.

6. Zwei Manschetten übereinander, um ein geeistes Glas mit einem Teelicht.

Blüten für Lichterketten

7. Sieben kleine Spitzen zusammenkleben, wie auf Seite 37 erklärt, allerdings mehr Klebstoff auftragen, damit das Modell spitz nach oben zusammenkommt, siehe Foto.

Knospen für Lichterketten

Knospen für Tischdeko

Regenbogen Papier Variationen

Regenbogen Papier schneiden auf 7,5x7,5cm. Gearbeitet mit der grün-gelben Ecke.

Gearbeitet mit der rot-gelben Ecke.

Jeweils gearbeitet mit der blau-pinken Ecke.

Model und Rosette auf kleinem Bild ganz rechts, sowie die 5 Kugeln auf dem großen Bild, sind jeweils aus einem ganzen Blatt 15x15cm Regenbogen Papier gearbeitet.

Rückseite nach oben gearbeitet.

Dekorahmen für Fensterbilder und Passepartous

MATERIAL+ANLEITUNG

Um Dekorahmen herzustellen, eignen sich besonders schön **Papiere mit quadratischen Mustern**.
Weitere Materialien: Mobilefolie, Klebepads, doppelseitige Klebefolie. Doppelseitige Klebefolie auf die Mobilefolie aufziehen, Papier darauf kleben, Rahmen ausschneiden. Mit Klebepads die Rahmen verbinden.

Quellennachweis

Die auf diesen Seiten abgebildeten **Gotamus Dekor Papiere** und der **Froggi Universalkleber** wurden speziell für Gotamus Origami von der Firma nice papers entwickelt. Fragen Sie in Ihrem Bastelgeschäft, Papeterie, etc. nach diesen Produkten. Sollte der Händler die Produkte nicht führen, können Sie diese auch über den Internetshop www.paperfrog.de beziehen.

Warnhinweis

Eine brennende Kerze muss immer beaufsichtigt werden! Achten Sie darauf, dass die Kerze außerhalb der Reichweite von Kindern und Haustieren ist. Halten Sie zwischen zwei brennenden Kerzen einen Abstand von mindestens 10 cm ein. Zünden Sie niemals eine Kerze in der Nähe von brennbaren Materialien an (Vorhang, etc.). Transportieren oder bewegen Sie eine Kerze nur, wenn sie nicht brennt.

Bücher vom Q-Verlag Berlin

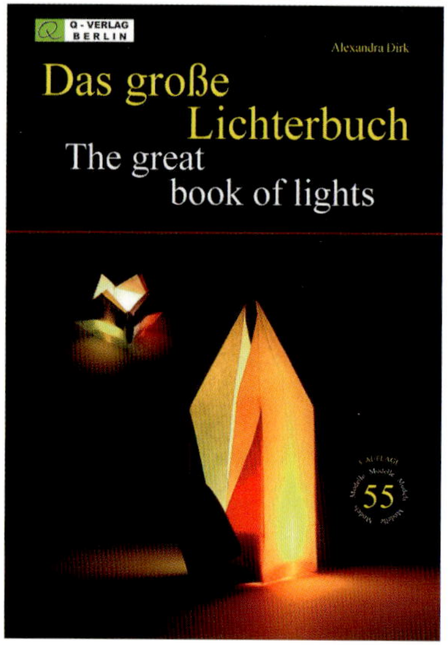

Das große Lichterbuch
The great book of lights
Lichter aus Papier in Origami Technik.
Sprache: deutsch
englisch
ISBN 978-3-938127-03-2
Preis: 14,90 EUR (D)

ORIGAMI Lampenschirme
Lampen mit Papier individuell gestaltet.

Sprache: deutsch

ISBN 978-3-938127-11-7
Preis: 19,90 EUR (D)

Das große ORIGAMI Weihnachtsbuch
Festliche Dekoration aus Papier.
Sprache: deutsch

ISBN 978-3-938127-06-3
Preis: 19,90 EUR (D)

Origami Kinderspiele
falten - spielen - staunen
Spielzeuge
in Origami Technik.
Sprache: deutsch
ISBN 978-3-938127-12-4
Preis: 12,90 EUR (D)

Origami Kaleidozyklus
Endloses Spielvergnügen

Sprache: deutsch

ISBN 978-3-938127-15-5
Preis: 5,80 EUR (D)

ORIGAMI Schiffe
Sprache:
deutsch
englisch

Vom Ruderboot
zum Flugzeugträger.
ISBN 978-3-938127-04-9
Preis: 12,90 EUR (D)

Origami Geschenkanhänger

Sprache:
deutsch
bezaubernd
weihnachtlich

ISBN 978-3-938127-18-6
Preis: 5,80 EUR (D)

Cussinus Origami Sterne
Sprache:
deutsch

3D Sterne für
Weihnachten & Co.
ISBN 978-3-938127-17-9
Preis: 5,80 EUR (D)

Neue Origami Sterne
Sprache:
deutsch
englisch
Variationen des beliebten
Bascetta Stern
ISBN 978-3-938127-10-0
Preis: 12,90 EUR (D)

Floreus Origami Kugeln
Floreus Origami Ball
Dekoration - Geschenk - Lampe
Sprache: deutsch
englisch

ISBN 978-3-938127-13-1
Preis: 12,90 EUR (D)

ORIGAMI Tischkarten
ORIGAMI Place Cards
... für Kinder, Geburtstag, Hochzeit, Jubiläum, Weihnachten und mehr!
Sprache: deutsch
englisch

ISBN 978-3-938127-08-7
Preis: 17,95 EUR (D)

Festliche Fenstersterne
zur Advents- und Weihnachtszeit
Sprache:
deutsch

ISBN 978-3-938127-14-8
Preis: 5,80 EUR (D)

Impressum

Die Deutsche Bibliothek verzeichnet diese Publikation in der Deutschen Nationalbibliografie;
detaillierte bibliografische Daten sind im Internet über http://dnb.ddb.de abrufbar.
Titel: Gotamus Origami - filigrane Dekorationen,
Untertitel: falten · schneiden · kleben
Autorin: Ute Schmidt
Berlin: Q-Verlag Berlin, 1/2012

ISBN 978-3-938127-19-3

Bildquellennachweis
Bilder von Fotolia.com:
Seite 21: (Fensterrahmen), © andreas reimann - Fotolia.com, Montage: Q-Verlag Berlin
Seite 55: (Hochzeitspaar), © Karen Grigoryan - Fotolia.com
(Senioren/Paar), © Kurhan - Fotolia.com
(Paar Blond/Schwarz), © Gina Sanders - Fotolia.com
(Frau/Strand), © Claudia Georgi - Fotolia.com
(Kinder/Bälle), © K.F.L. - Fotolia.com
(Garten/Gieskannen), © Sternstunden - Fotolia.com
(Kamele), © lilya - Fotolia.com
(Berge), © Achim Thomae - Fotolia.com
(Elefant), © Duncan Noakes - Fotolia.com
(Dorf, Meer), © SPy - Fotolia.com

Die Arbeitsfotos (Schrittfolgen) wurden vom Verlag gemacht. Alle anderen Fotos (Stimmungsbilder) wurden von Roland Fritsch, FTB Werbefotografie Roland Fritsch GmbH, www.ftb.de gemacht.

ISBN 978-3-938127-19-3

Gesamtherstellung: Q-Verlag Berlin

Die Autorin bedankt sich auf diesem Wege bei der Firma Hobbygross Erler sowie der Firma nice papers für die Bereitstellung aller Materialien.

Besonderer Dank gilt Daniela Gratz sowie Ute Leonhardt für die Unterstützung bei der Herstellung der Modelle für dieses Buch.